**David Martin**

# Demographische Entwicklung in Deutschland und deren Auswirkungen auf die Immobilienwirtschaft

GRIN Verlag

**Bibliografische Information der Deutschen Nationalbibliothek:**

Die Deutsche Bibliothek verzeichnet diese Publikation in der Deutschen National-
bibliografie; detaillierte bibliografische Daten sind im Internet über http://dnb.d-
nb.de/ abrufbar.

**Impressum:**

Copyright © 2008 GRIN Verlag GmbH
Druck und Bindung: Books on Demand GmbH, Norderstedt Germany
ISBN: 978-3-640-26275-5

**Dieses Buch bei GRIN:**

http://www.grin.com/de/e-book/121689/demographische-entwicklung-in-deutsch-
land-und-deren-auswirkungen-auf-die

**GRIN - Your knowledge has value**

Der GRIN Verlag publiziert seit 1998 wissenschaftliche Arbeiten von Studenten, Hochschullehrern und anderen Akademikern als eBook und gedrucktes Buch. Die Verlagswebsite www.grin.com ist die ideale Plattform zur Veröffentlichung von Hausarbeiten, Abschlussarbeiten, wissenschaftlichen Aufsätzen, Dissertationen und Fachbüchern.

**Besuchen Sie uns im Internet:**

http://www.grin.com/

http://www.facebook.com/grincom

http://www.twitter.com/grin_com

# Demographische Entwicklung in Deutschland und deren Auswirkungen auf die Immobilenwirtschaft von David A. Martin

## Gliederung

## Einführung

Im Jahr 2003 waren in der Bundesrepublik Deutschland rund 16,9 Millionen Menschen 60 Jahre und älter.[1] Diese Zahl wird bis zum Jahre 2030 auf 26,02 Millionen zunehmen.[2] Darüber hinaus nimmt der Anteil an der Gesamtbevölkerung überproportional zu.

Im Jahr 2020 werden über 5 Mio. und im Jahr 2050 fast 8 Mio. Hochaltrige[3] in Deutschland leben. Im Vergleich hierzu leben zurzeit etwa 3 Millionen Hochaltrige in der Bundesrepublik.[4] Die Bedeutung dieser Bevölkerungsgruppe für die Gesellschaft wird noch deutlicher, wenn man deren Anteil an der Gesamtbevölkerung betrachtet: Im Jahre 2030 werden mindestens 25 % zu dieser Bevölkerungsgruppe gehören.[5]

In Anbetracht der Tatsache, dass Anfang der 1990er Jahre nur rund 14 % und im Jahr 2000 ungefähr 16 % zu dieser Bevölkerungsgruppe gehörten, wird der Anstieg dieser Bevölkerungsgruppe umso deutlicher, so dass der damit verbundene Bedarf nach adäquaten Wohnungskonzepten weiter ansteigen wird.

Der Altenquotient wird in den nächsten Jahren und Jahrzehnten weiter ansteigen. Der Altenquotient stellt das Verhältnis der über 60-jährigen zur erwerbstätigen Bevölkerung, also der Altersgruppe zwischen 20 und 59 Jahren, her. Ein Anstieg des Altenquotienten bedeutet also, dass sich entweder der Anzahl der Rentner insgesamt erhöht, die Bevölkerungszahl der Erwerbstätigen sinkt oder eine Kombination aus beiden.

Betrug der Altenquotient im Jahr 2000 rund 40 % steigt dieser bis zum Jahr 2020 auf rund 50 % an. Im Jahr 2030 wird sogar mit einem weiteren Anstieg auf dann deutlich über 60 % gerechnet.

---

[1] Vgl. Statistisches Bundesamt: Wirtschaft und Statistik, S. 1404.
[2] Vgl. Falk: Immobilien-Handbuch, S. 5 ff.
[3] Eine eindeutige Definition ab wann eine Person zu den Hochaltrigen gezählt wird, gibt es nicht. Jedoch wird in der Literatur im überwiegenden Teil von Hochaltrigen Personen gesprochen, wenn diese über 80-jährig sind.
[4] Vgl. Bertelsmann Stiftung und Kuratorium Deutsche Altershilfe: Neue Wohnkonzepte, S. 5.
[5] Vgl. Göttling, M. :Veränderung der Anforderungen, S. 9ff. und Hasseler, Was Pflegebedürftige wirklich brauchen, S. 42 ff.

Seit Beginn dieses Jahrhunderts ist die durchschnittliche Lebenserwartung in Deutschland ständig angestiegen.[6] Bei Männern liegt sie derzeit bei 72,8 und bei Frauen sogar bei 79,3 Jahren.[7] Angesichts dieser Entwicklung wird die Relevanz eines adäquaten Wohnformangebots für Senioren immer wichtiger.[8] Die Lebenserwartung in Deutschland ist seit Anfang des 19. Jahrhundert ständig angestiegen. Lag die Lebenserwartung bei Geburt bei Männern um 1900 noch bei rund 44 Jahren, ist diese in rund 100 Jahren um ungefähr 30 Jahre auf knapp 75 Jahre angewachsen. In demselben Zeitraum hat sich die Lebenserwartung von Frauen sogar auf rund 81 Jahren bewegt. Bei beiden Geschlechtern ist die Tendenz weiter steigend.


## Wohnen im Alter

Angesichts dieser demographischen Entwicklung und der zu erwartenden Entwicklungen im Bereich der Versorgungssysteme für alte Menschen in Deutschland wird das Wohnen im Alter in Zukunft mit einer ganzen Reihe von neuen Herausforderungen verbunden sein. Entsprechende Angebote müssen nicht nur den sich wandelnden Wohnbedürfnissen älterer Menschen entsprechen, sondern auch den zukünftigen gesellschaftlichen und volkswirtschaftlichen Veränderungen Rechnung tragen.

Die Zunahme der Zahl hochaltriger Senioren stellt erhebliche Anforderungen an die Altenhilfe und an die Pflege, da das Risiko der Pflegebedürftigkeit bei den über 80-Jährigen besonders hoch ist. Während dieses Risiko der 60- bis 80-Jährigen bei 3% liegt, steigt es bei den über 80-jährigen Personen auf 25 % an. Nach einer Berechnung des Kuratorium Deutsche Altershilfe wird sich die Zahl der älteren Leistungsempfänger der Pflegeversicherung im Alter von 65 und mehr Jahren, die stationär versorgt werden, von heute ca. 470.000 um ca. 220.000 bis 250.000 im Jahr 2020 erhöhen.[9] Dies bedeutet, dass bis dahin also etwa die Hälfte des heutigen Bestands der Pflegeplätze hinzukommen müsste. Somit

---

[6] Vgl. Hoffmann: Gerontologisches Management, S. 34.
[7] Vgl. Nakielski: Alternde Gesellschaft und Altersstruktur, S. 88.
[8] Vgl. o.V.: Bau und Wohnforschung, S. 1.
9 Vgl. Bertelsmann Stiftung und Kuratorium Deutsche Altershilfe: Neue Wohnkonzepte, S. 6 f.

müsste der heutige Bestand bis zum Jahr 2050 um mehr als verdoppelt werden. Allein für die Leistungsempfänger der Pflegeversicherung würden bis zum Jahr 2050 mindestens 600.000 zusätzliche Pflegeplätze benötigt, wenn nicht andere Möglichkeiten der Versorgung Pflegebedürftiger ausgebaut und keine weiteren präventiven Maßnahmen ergriffen werden. Nicht nur die Tatsache, dass mit zunehmendem Alter die Pflegebedürftigkeit steigt, sondern auch die Tatsache, dass es eine Zunahme von allein stehenden älterer Menschen und somit eine Verringerung des Potenzials helfender Angehöriger zu beobachten ist, verschärfen die Notwendigkeit, adäquaten Wohnraum für ältere Menschen im ausreichendem Maße zu schaffen.

Durch die Zunahme von Single-Haushalten[10], den zahlenmäßigen Rückgang jüngerer Generationen und durch die zunehmende Berufstätigkeit von Frauen wird die Pflege alter Menschen innerhalb der Familie in Zukunft immer weniger möglich sein. Der Trend zur Individualisierung ist in den letzten Jahrzehnten deutlich angestiegen. Die einzige Großfamilie wird substituiert von der Kleinfamilie bzw. einer immer größer werdenden Anzahl von Single-Haushalten.[11] Diese sinkende Heiratsneigung, die steigende Anzahl an Scheidungen und die „Ein-Kind-Familie" führen dazu, dass das Potential zur familiären Hilfe ständig reduziert wird. Dies bedeutet, dass nicht nur die Wohnung und das Wohnungsumfeld altersgerecht sein müssen, sondern dass ebenfalls entsprechende Dienstleistungen für die Bedürfnisse der Senioren abrufbar sind.

Bereits heute liegt der Anteil Hochaltriger, die alleine leben, bei fast 60 %, gegenüber 33 % bei den „jungen" Alten. Darüber hinaus wird der Anteil Alleinstehender gerade bei den Hochaltrigen deutlich zunehmen. Während heute etwa jede zehnte 60-Jährige kinderlos ist, trifft dies in 20 Jahren auf ein Viertel und in 30 Jahren auf ein Drittel der Frauen zu, die ins Rentenalter eintreten.[12] Diese Entwicklungen in Verbindung mit der heutigen Individualisierung von Lebensformen und der steigenden Lebenserwartung haben erhebliche

---

10 Vgl. Kammermeier: Der Plan von der Stadt, S. 36.
[11] Vgl. Eichner: Der Markt für Seniorenimmobilien, S. 13.
12 Vgl. Bertelsmann Stiftung und Kuratorium Deutsche Altershilfe: Neue Wohnkonzepte, S. 7 f.

Konsequenzen für die Versorgung von hilfe- und pflegebedürftigen Menschen. In der heutigen Zeit werden über 80 % der regelmäßig Hilfe- und Pflegebedürftigen zumeist durch Familienmitglieder unterstützt. Dieses unterstützende Netzwerk wird in Zukunft so nicht mehr verfügbar sein und müsste durch professionelle oder semiprofessionelle Hilfe ersetzt werden, es sei denn, es gelingt, andere nicht familienbezogene Hilfenetze auszubauen, die den Unterstützungsbedarf zumindest teilweise auffangen können.

Schon heute entsprechen die konventionellen Wohnangebote eines Altenheims nicht mehr den Ansprüchen der Senioren. Neuere Wohnformen und Dienstleistungen, die den Wünschen und Bedürfnissen der Senioren entsprechen, sind gefordert. Hierbei lassen sich folgende Erwartungen der Senioren an das Wohnen im Alter aufzeigen:

Zum einen erwarten die Senioren eine Möglichkeit, die ein selbständiges Leben und Wohnen so lange wie möglich ermöglicht. Bereits heute zeigt sich, dass alte Menschen so lange wie möglich selbstständig in ihrer vertrauten Umgebung wohnen möchten. Sie wollen nicht fremdbestimmt in Heimeinrichtungen leben, sondern auch bei Hilfe- und Pflegebedürftigkeit möglichst ein selbstbestimmtes Leben führen. Das Heim, das primär auf eine funktionelle Pflege ausgerichtet ist, stößt heute auf eine erheblich geringere Akzeptanz, als noch vor einigen Jahrzehnten. 80 % der Pflegebedürftigen können sich heute ein Leben im Heim nicht mehr vorstellen und die meisten Heimbewohner sind demnach faktisch unfreiwillig im Pflegeheim.[13]

Zum anderen steigt die Anzahl der umzugsbereiten Senioren an. Obwohl auf der einen Seite ältere Menschen so lange wie möglich in ihrer normalen Wohnumgebung bleiben möchten, gibt es auf der anderen Seite eine wachsende Gruppe von älteren Menschen, die durchaus bereit ist, im Alter noch einmal umzuziehen, um etwas Neues auszuprobieren. Diese Bevölkerungsgruppe sucht im Alter nach alternativen Wohnformen. Nach dem 55. Lebensjahr ziehen rund 20 % der Eigentümerhaushalte und 50 % der Mieterhaushalte um. Nach Untersuchungen der Schader-Stiftung sind 65 % der Altershaushalte

---

[13] Vgl. ebenda, S. 8 f.

umzugsbereit. Mit zunehmendem Alter nimmt diese Bereitschaft jedoch wieder ab.

Des Weiteren ist durch die Einführung der Pflegeversicherung im Jahr 1996 eine zusätzliche Nachfragegruppe nach altengerechten Wohnen entstanden und zwar die der mittleren Einkommensbezieher. Vor dem Inkrafttreten der Pflegeversicherung musste diese Bevölkerungsgruppe die professionelle Pflege aus dem eigenem Einkommen bezahlen.[14]

Deshalb kommt den Angeboten von ,Betreutem Wohnen' und Seniorenstiften eine wachsende Bedeutung auf dem Markt der Seniorenimmobilien zu. Das Kuratorium Deutsche Altenhilfe hat 2003 ermittelt, dass das Interesse an alternativen Wohnformen in den letzen Jahren deutlich zugenommen hat[15]. Diese Wohnform bietet eine Kombination von selbständigem Wohnen - mit Serviceleistungen im Bedarfsfall - an. Der Trend weg vom traditionellen Alten-/Pflegeheim zeigt sich auch darin, dass 98,5 % der 60-70-jährigen noch aktiv und keineswegs pflegebedürftig sind. Bei den 70-80 jährigen liegt diese Quote noch bei 92 %.[16]

Die Bundesregierung schätzt in ihrem ersten Altenbericht, dass „künftige Generationen von älteren Menschen ... gesünder, besser ausgebildet, materiell gesicherter und in ihrer Lebensgestaltung selbstbestimmter sein (werden, und dass) ... die Aufrechterhaltung von Selbständigkeit und Selbstbestimmung zu einem der bedeutendsten Lebensziele von Senioren zählt."[17] Um diese Selbständigkeit auch im Alter zu erhalten, verbleiben 93 % der Senioren in ihrer vertrauten Wohnung so lange, bis keine eigenständige Versorgung mehr möglich ist und das eigene Heim zugunsten eines Altenheims aufgegeben werden muss.[18] Neuere Wohnformen für Senioren bieten deshalb eine Kombination aus selbständigem Wohnen mit Hilfeleistungen im Bedarfsfall an.

---

[14] Vgl. Eichner: Der Markt für Seniorenimmobilien S 15.
15 Vgl. Bertelsmann Stiftung und Kuratorium Deutsche Altershilfe: Neue Wohnkonzepte, S. 24.
16 Vgl. Jasny: Seniorenmarketing, S. 196 f.
17 Bundesministerium für Familie, Senioren, Frauen und Jugend: Erster Altenbericht, S. 6.
[18] Vgl. Helmstaedter: Wohnen ohne Barrieren, S. 732. Vgl. auch Gießler: Wohnen im Alter, S. 10.

Die Konzepte des betreuten Wohnens und der Wohnstiften stoßen auf eine starke Nachfrage, weil sie für die Senioren eine interessante Alternative zur Normalwohnung, der gegenwärtigen häufigsten Wohnform, darstellen und auch von Seiten der Pflegeversicherung unterstützt werden.[19] Die veränderten Anforderungen der Senioren an eine adäquate Wohnform müssen bei der Projektplanung und bei dem Betrieb einer Seniorenimmobilie mit einbezogen werden, so dass die Senioren für möglichst lange Zeit ein selbständiges Leben führen können.[20] Im Moment lebt zwar der Großteil der Senioren in ihren bisherigen Wohnungen, doch stellt sich die Frage, ob auch kommende anspruchsvollere und mobilere Senioren sich damit zufrieden geben werden, wenn ihnen durch die neuen Wohnformen eine altersgerechte Alternative zur bisherigen Wohnung geboten wird.


**Herausforderungen**

Es ist wichtig, dass die unterschiedlichen und veränderten Wünsche an ein Wohnen und Leben im Alter, verbunden mit der demographischen Entwicklung, berücksichtigt werden. Sowohl die Wohnungspolitik und die Kommunalplanung als auch das Gesundheitswesen und die Pflege- und Betreuungseinrichtungen müssen sich auf die veränderten Rahmenbedingungen einstellen.

Wenn die Zahl älterer hilfe- und pflegebedürftiger Menschen deutlich steigt, gleichzeitig aber immer weniger Pflegebedürftige eine Heimunterbringung akzeptieren und die Tragfähigkeit familiärer Netzwerke immer mehr abnimmt, werden alternative Wohn- und Betreuungsangebote zum Heim zu entwickeln und auszubauen sein.


In der Vergangenheit sind zwar einige Betreiber von Seniorenimmobilien in finanzielle Schwierigkeiten gekommen.[21] Jedoch ist dies kein Indiz dafür, dass der Markt für Seniorenimmobilien nicht mehr attraktiv ist. Bezogen auf den Gesamtmarkt, liegt der Anteil der Unternehmen mit finanziellen Schwierigkeiten

---

19 Dies folgt aus der Priorität der ambulanten Versorgung vor der stationären. Vgl. LBS: Wohnen mit Service, S. 14.
20 Vgl. Gießler:Wohnen im Alter, S. 17.
21 Vgl. Brinkmann: Der Markt für Seniorenimmobilien, S. 55.

im einstelligen Prozentbereich.[22] Die Gründe für diese Probleme liegen häufig in dem zugrunde liegenden Missmanagement vergangener Jahre bzw. in teuren Übernahmen von Grundstücken.

Der Markt bietet nach wie vor große Chancen, denn in Deutschland werden mehr als 60 Millionen Quadratmeter für sozialmedizinische Einrichtungen genutzt. Für rund 30 % dieser Flächen besteht erheblicher Neu- und Renovierungsbedarf, so dass davon auszugehen ist, dass der Markt für Seniorenimmobilien auch in Zukunft ein hohes Potenzial haben wird. Nicht nur in Bezug auf den Bedarf an Neu- bzw. Umbauten ist der Markt für Seniorenimmobilien interessant, sondern auch, weil sich Umsatzrenditen zwischen sechs und acht Prozent erzielen lassen.[23]

---

22 Vgl. ebenda, S. 55.
23 Vgl. ebenda, S. 55.

# Literatur:

- Bertelsmann Stiftung und Kuratorium Deutsche Altershilfe (Hrsg.): Neue Wohnkonzepte für das Alter und praktische Erfahrungen bei der Umsetzung – eine Bestandsanalyse –, Köln 2003.

- Brinkmann, C.: Der Markt für Seniorenimmobilien und Residenzen gerät durch zahlreiche Insolvenzen in ein schiefes Licht. Was ist los mit Pflegeimmobilien? , in FAZ vom 26. April 2002, S. 55.

- Bundesministerium für Familie, Senioren, Frauen und Jugend (Hrsg.): Erster Altenbericht. Die Lebenssituation älterer Menschen in Deutschland, Bonn, 1993.

- Eichner, V; Schneiders, K. Der Markt für Seniorenimmobilien Entwicklungen, Einflussfaktoren, Trends. Eine Studie im Auftrag der Westfälischen Hypothekenbank. InWIS-Bericht Nr. 25, INWIS Institut für Wohnungswesen, Immobilienwirtschaft, Stadt- und Regionalentwicklung GmbH an der Ruhr-Universität Bochum, 1998.

- Falk, B. (Hrsg.): Immobilien-Handbuch: Wirtschaft, Recht, Bewertung, Landsberg/Lech: Grundwerk 1992, inkl. 46. Nachlieferung 05/2002. Band 1 bis 3.

- Gießler, J. F./Müller, C.: Wohnen im Alter, Stuttgart, 1996.

- Göttling, M. :Veränderung der Anforderungen an das Immobiliengeschäft vor dem Hintergrund der demographischen Entwicklung- Schwerpunkt Berliner Wohnungsbau, GRIN Verlag, 2007

- Hasseler, M./ Görres, S. Was Pflegebedürftige wirklich brauchen ...: Zukünftige Herausforderungen an eine bedarfsgerechte ambulante und stationäre pflegerische Versorgung, Veröffentlicht von Schlütersche, 2005

- Helmstaedter, C.: Wohnen ohne Barrieren. Internationaler Kongreß zum Thema „Wohnen ältere Menschen" in: Die Wohnungswirtschaft, 50 Jg.(1997), Nr. 11, S. 731- 734.

- Hoffmann, A. T.: Geronologisches Management. Ein Weg zur neuen Dienstleistungskultur, in: Social Images, o. J. (1995), Nr. 6, S. 34-37.

- Jasny, R.: Seniorenmarketing im Vermögensanlagegeschäft, in: Die Bank, o. J. (1997), Nr. 4, S. 196- 200.

- Kammermeier, Elisabeth: Der Plan von der Stadt. Projektentwicklung und strategisches Marketing von Immobilien, Köln, 2000.

- LBS: Wohnen mit Service, Bonn 1997, Empirica Bonn Institut für qualitative Marktforschung, Struktur- und Stadtforschung GmbH.

- Nakielski, H.: Alternde Gesellschaft und Altersstuktur, in: Rund ums Alter: Alles Wissenswerte von A bis Z, Kuratorium Deutsche Altenhilfe (KDA) (Hrsg.), München, 1996.

- o.V.: Bau und Wohnforschung. Gewinnung von Altenwohnungen im ländlichem Raum durch Umnutzung ehemaliger Gewerbebauten, Forschungsbericht des Bundesministers für Raumordnung, Bauwesen und Städtebau, Stuttgart, 1997.

- Statistisches Bundesamt (Hrsg.): Wirtschaft und Statistik 12/2004, Wiesbaden 2004.